AF500273

untz.

REVUE

ARCHÉOLOGIQUE

OU RECUEIL

DE DOCUMENTS ET DE MÉMOIRES

RELATIFS

A L'ÉTUDE DES MONUMENTS, A LA NUMISMATIQUE ET A LA PHILOLOGIE

DE L'ANTIQUITÉ ET DU MOYEN AGE

Publiés par les principaux Archéologues

FRANÇAIS ET ÉTRANGERS

et accompagnés

DE PLANCHES GRAVÉES D'APRÈS LES MONUMENTS ORIGINAUX

Tirage à part

ESSAI SUR L'HISTOIRE

DES

COLLECTIONS ITALIENNES D'ANTIQUITÉS

PAR M. EUG. MUNTZ.

PARIS

AUX BUREAUX DE LA *REVUE ARCHÉOLOGIQUE*

LIBRAIRIE ACADÉMIQUE — DIDIER et Ce

QUAI DES AUGUSTINS, 35

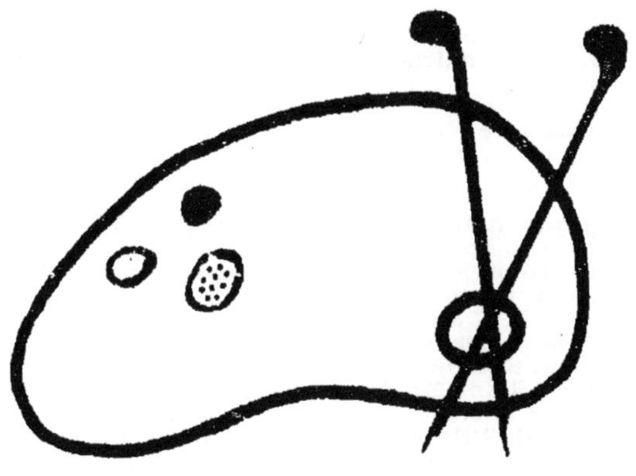

Fin d'une série de documents
en couleur

Mémoires archéologiques.

Du nom de Houilles, canton d'Argenteuil (Seine-et-Oise), par Max. Deloche. In-8 ... 1 fr. »
Notes sur les Mosaïques chrétiennes de l'Italie, par Eug. Muntz. 5 fascicules ... 10 fr. »
L'Age du bronze et les Gallo-Romains à Saint-Nazaire-sur-Loire, par René Kerviler. In-8, avec 3 planches et vignettes ... 3 fr. »
Horus et saint Georges, Notes d'archéol. et de mythol., par Clermont-Ganneau. In-8 avec pl. 3 fr. »
Étude sur une nouvelle statue de Vénus marine, de travail grec en marbre de Paros, M. Jules Chevrier. In-8, avec 2 planches ... 3 fr. »
Deux questions de chronologie et d'histoire éclaircies par les Annales d'Assurbanipal, par F. Robiou. In-8 ... 1 fr. 50
Reconnaissance archéologique d'une partie du cours de l'Erigon et des **Ruines de Stobie**, par L. Heuzey. Gr. in-8, avec fig. et carte ... 3 fr. »
Recherches sur les lits antiques, par L. Heuzey. Gr. in-8, avec 10 vignettes ... 3 fr. »
Remarques géographiques à propos de la carrière d'un légat de Pannonie inférieure, par Ern. Desjardins. Gr. in-8, avec 2 planches ... 3 fr. »
Mélanges archéologiques, par A. Dumont. 2 fascicules, avec 2 planches et vignettes ... 5 fr. »
La Cathédrale de Strasbourg. Remarques archéologiques, par Alb. Dumont ... 1 fr. 50
Restitution de la basilique de Saint-Martin de Tours, d'après Grégoire de Tours et les autres textes anciens, par J. Quicherat. Gr. in-8, avec 4 planches ... 5 fr. »
Fragments d'une description de l'île de Crète, par Thenon. Gr. in-8 ... 3 fr. »
Une stèle du temple de Jérusalem par M. Ch. Clermont-Ganneau. In-8, avec planche. 4 fr. »
La Stèle de Dhiban ou **Stèle de Mesa**, roi de Moab, 896 avant J.-C. Lettres à M. le comte de Vogüé, par Ch. Clermont-Ganneau. In-4, avec 2 planches ... 5 fr. »
La Chronologie biblique fixée par les éclipses des inscr. cunéiformes, par J. Oppert. Gr. in-8. 2 fr. »
La Pierre de Bethphagé, par Clermont-Ganneau. In-8, avec vignettes et plans ... 2 fr. 50
Gargantua. Essai de mythologie celtique, par H. Gaidoz. Grand in-8 ... 1 fr. 50
Nouvelles tessères de Gladiateurs, par É. Hubner, tr. de l'allemand par H. Gaidoz. In-8. 1 fr. 50
Nouvel essai sur les inscriptions gauloises, par Adolphe Pictet. Grand in-8 ... 2 fr. 50
La Médecine dans Homère, par le docteur Ch. Daremberg. Gr. in-8 avec planches ... 5 fr. »
État de la médecine entre Homère et Hippocrate, par le même. Gr. in-8 ... 5 fr. »
Le Renne de Thaïngen, par Alex. Bertrand. Grand in-8 avec planche ... 1 fr. 50
Étude sur l'Ora Maritima de Rufus Avienus, par F. de Saulcy. Gr. in-8, carte. 2 fr. 50
Mémoire sur les provinces romaines jusqu'au ve siècle, par Théod. Mommsen, avec un appendice par Ch. Müllendoff, trad. par Ém. Picot. Grand in-8 avec carte ... 3 fr. »
Mémoire sur le calendrier des Lagides, par A.-J.-H. Vincent, de l'Inst. Gr. in-8 ... 2 fr. »
Carte de la Gaule de Peutinger, avec de nouv. observations par Alf. Maury. Gr. in-8, carte. 3 fr. 50
Essai sur la stèle du Songe, par G. Maspero. Gr. in-8, avec planche ... 4 fr. »
Sur la stèle de l'intronisation, par le même. Gr. in-8 ... 1 fr. 50
Le Péplos d'Athéné Parthénos. Les tapisseries dans l'antiquité, par L. de Ronchaud. Gr. in-8 3 fr. »
Études sur l'origine et la formation de l'alphabet grec, par F. Lenormant. av. 2 pl. 5 fr. »
Recension du texte de l'Oraison funèbre d'Hypéride, etc., par H. Caffiaux. Gr. in-8. 5 fr. »
Les Martyrs chrétiens et les supplices destructeurs du corps, par Edm. Le Blant. 1 fr. »
Observations sur le texte de Joinville, etc., par Ch. Corrard. Grand in-8 ... 3 fr. 50
Le Passage d'Annibal du Rhône aux Alpes, par C.-A. Ducis. In-8, 110 p. ... 2 fr. 50
Épigraphie de l'antique Vésone, par l'abbé Audierne. In-8 ... 2 fr. 50
Spicilegium de quelques monuments écrits ou épigraphes des Etrusques. Musées de Londres, de Berlin, de Manheim, de la Haye, de Paris, de Pérouse, par G. Conestabile. In-8 avec pl. 6 fr. »
Les Tapisseries d'Arras, Etude artistique et historique, par l'abbé Van Drival. 1 vol. gr. in-8. 5 fr. »
Inscriptions inédites des Sporades (île de Kos), par O. Rayet. In-8 ... 4 fr. »
Les Cadrans solaires dans l'antiquité par G. Rayet. In-8, avec planche ... 2 fr. 50
[illegible]is vases peints de la Grèce propre à ornements dorés, par Max. Collignon. Gr. in-8, avec 2 planches et 1 chromo ... 3 fr. »
Mythologie iconographique, par Ch. Clermont-Ganneau. In 8 ... 1 fr. 50
Quelques Inscriptions grecques, par R. Mowat. Grand in-8, planche ... 2 fr. 50

L'administration et les bureaux d'abonnement de la *REVUE ARCHÉOLOGIQUE* sont à la *Librairie Académique* Didier et Ce, quai des Augustins, 35.

MODE ET CONDITIONS DE L'ABONNEMENT

La *Revue archéologique* (nouvelle série) paraît chaque mois, à partir de janvier, par cahiers de 64 à 80 pages grand in-8°, qui forment à la fin de l'année deux volumes ornés de 24 planches gravées sur acier et de gravures sur bois intercalées dans le texte. Indépendamment de la table alphabétique des matières du semestre, une table alphabétique, destinée à faciliter les recherches, terminera chaque année.

PRIX :

Pour Paris	Un an ...	25 fr.	Pour les départements, un an ...	27 fr.
	Six mois ...	14 fr.	Pour l'étranger, un an ...	28 fr.

ON S'ABONNE ÉGALEMENT CHEZ TOUS LES LIBRAIRES DES DÉPARTEMENTS ET DE L'ÉTRANGER

Le Gérant, D. Glorian.

Paris. — Imp. Pillet et Dumoulin, rue des Grands-Augustins, 5.

A Monsieur Delisle, membre
Administrateur de la Bibliothèque nat
Hommage resp
de

ESSAI SUR L'HISTOIRE

DES

COLLECTIONS ITALIENNES D'ANTIQUITÉS

DEPUIS LES DÉBUTS DE LA RENAISSANCE JUSQU'A LA MORT DE PAUL II (1).

Extrait de la *REVUE ARCHÉOLOGIQUE*.
Janvier et Février 1879.

Nous savons par des témoignages innombrables avec quelle ardeur le moyen âge recherchait certaines catégories de monuments antiques, notamment les pierres gravées, et en général tous les objets qui se distinguaient par la richesse de la matière première. Il les faisait servir tantôt à l'ornementation des reliquaires, des calices, des manuscrits, tantôt à celle des bagues ou des diadèmes. Le trésor des rois de France renfermait, comme l'a montré le marquis de Laborde, un superbe choix de camées grecs et romains (2). Le trésor pontifical n'était pas moins riche en ouvrages de cette nature, comme on l'a vu par les extraits rapportés dans un précédent article. Du temps de Boniface VIII, on y comptait de quarante à cinquante camées, dans l'un desquels le rédacteur de l'inventaire reconnut, en plein treizième siècle, une représentation d'Hercule. Mais il y avait loin de ces collections à de véritables dactyliothèques ou glyptothèques dans le sens que l'antiquité ou les temps modernes ont attaché à ces mots. Les préoccupations historiques et archéologiques n'avaient rien à y voir.

(1) Cette étude est empruntée au second volume, actuellement sous presse, du travail de notre collaborateur M. Müntz sur *les Arts à la cour des Papes* (*Bibliothèque des Écoles françaises d'Athènes et de Rome*). (*Note de la Direction.*)

(2) *Glossaire*, pp. 185-188. Dans l'inventaire de Charles V (1380) on comptait 52 camées ; dans celui de Charles VI (1399) 101. En 1343, le roi Philippe envoya au pape un « joel appelé le camahieu » (*ibid.*, p. 186).

A Rome, cependant, on constate, en plein onzième siècle, un singulier exemple d'admiration pour les vestiges d'un passé si glorieux. Nicolas Crescentius, fils du tribun, y fit construire avec des fragments d'architecture et de sculpture antiques la charmante petite maison qui s'élève, de nos jours encore, près du temple de la Fortune Virile. L'inscription suivante prouve qu'il se rendait bien compte de la nature de l'entreprise :

> Non fuit ignarus cujus domus hec Nicolaus
> Quod nil momenti sibi mundi gloria sentit.
> Verum quod fecit hanc non tam vana coegit
> Gloria, quam Rome veterem renovare decorem.
> Etc., etc. (1).

Arnauld de Brescia († 1155), sans pousser aussi loin le culte de l'antiquité figurée, parlait de la nécessité de rebâtir le Capitole (2).

En 1162 (27 mars) le Sénat romain rendait au sujet de la colonne Trajane un décret dont le texte mérite d'être rapporté : « Restituimus, » y est-il dit, « salvo jure parochiali ecclesie SS. apostolorum Phil. et Jacobi et salvo honore publico Urbis eidem colomne, ne unquam per aliquam personam obtentu investimenti hujus restitutionis diruatur aut minuatur, sed ut est ad honorem ipsius ecclesie et totius populi Romani integra et incorrupta permaneat dum mundus durat, sic ejus stante figura. Qui vero eam minuere temptaverit persona ejus ultimum patiatur supplicium et bona ejus omnia fisco applicentur... Actum a. dom. incarn. MCLXII, ind. X (3). »

Vers la même époque, s'il fallait en croire un auteur du seizième siècle, le cardinal Giordano Orsini, qui vécut sous Alexandre III (1159-1181), aurait créé dans la Ville éternelle un véritable musée (4). Mais cette assertion nous paraît devoir être accueillie avec quelque défiance.

(1) *Beschreibung der Stadt Rom*, t. III, 1re partie, pp. 391-394, 672-675. Attribution contestée par M. Gregorovius, *Storia della città di Roma*.

(2) Papencordt, *Geschichte der Stadt Rom im Mittelalter*, p. 256.

(3) Gregorovius, *Storia della città di Roma*, t. IV, p. 782.

(4) « Dicono che si dilettò grandemente delle cose antiche di Roma, delle quali havendo fatto una elettissima scelta, edificò un luogo publico dove egli le mise à ornamento della sua patria, a gloria del suo nome honorato, et a summo diletto de' forestieri che venivano in quell' alma città. Ma ne tempi seguenti invidiata l' operatione di quello huomo illustre de suoi nemici, i Ponteflci disfecero il tutto. Morì XX anni dopo che fu creato cardinale, sotto Alessandro Terzo. » (Fr. Sansovino, *Degli huomini illustri della casa Orsini*, Venise, 1565, in-fol., pp. 2 v°, 3.)

Quoi qu'il en soit, les Romains du moyen âge professaient à l'endroit des monuments antiques de leur ville une indifférence beaucoup moins grande que leurs descendants du quatorzième et du quinzième siècle.

Le plus ancien document que nous ayons trouvé sur une collection d'art et d'archéologie, dans l'acception moderne, remonte à l'année 1335. Oliviero Forza, ou Forzetta, riche citoyen de Trévise, a été sinon l'initiateur, du moins un des principaux promoteurs des tendances nouvelles. Il nous a laissé lui-même, dans une liste que nous reproduisons en note (1), l'indication des objets qu'il se pro-

(1) « Anno 1335. Habeo infrascripta agere Venetiis imprimis ut solvam pro affictu domus de Venetiis et reducam Tarvisium meas massaricias.

Item ponere me in ordine cum ser Johanne Theotonico aurifice de factæ (*sic*) teste brondine de Mediolano.

Item de testa brondina de Sancto Salvatore de Venetiis.

Item de testa sancti Lucæ de Venetiis.

Item de testa lapidea magistri Omnibeni aurificis : de moneta cujusdam de domo Morosinorum et de quadam ejus figura brondina.

Item de mea targeta picturata per magistrum Franciscum cum griffono.

Item quod Damianus mihi promisit quatuor pastas et schacum (*sic*) elephanti, regis Aretusi, et quod magister Simon ejus barbanus dabit mihi quinquaginta medajas.

Item quærere fratrem Symonem de Parma, ord. præd. dic. in conventum Veneto pro Seneca complecto, rationibus per sanctum Thomasium de Aquino super Ethicam, Ysonomicam, Politicam, Physicam et Metaphysicam recuperandis.

Item quærere Averoista comenta supra prædicta Philosophiæ (*sic*).

Item a fr. Titiano ord. prædic. convent. Veneti quærere de libro Orosii.

Item quærere a bidellis de majore Ovidio et omnibus aliis Ovidiis, Salustio, Marcotullio, Rethorica nova et antiqua Tulli, Servo, Titolivio, Valerio Maximo, moralibus super Job sancti Gregorii, Historiis Romanis, Tullio opere completo.

Item quæras exigere omnia designamenta, quæ condam fuerunt Perenzoli filii mag. Angeli, pignorata pænes magistros Franciscum et Stefanum de S. Johanne novo, et quaternum suum in quo sunt omnia animalia et omnia pulcra, facta manu dicti Perenzoli et omnes ejus taglos pariter et designamenta ubicumque pignorata et deposita, etc.

Item quæras de quatuor pueris de Ravenna lapideis qui sunt taglati Ravenne in sancto Vitale.

Item de testu (*sic*), leonibus, anera, equis depictis, quos habet Anna soror condam Joachini, quæ testa habet super caput Gislandam (*sic*) de rosis cum una infula.

Item de puero condam Guillelmi Zapparini lapideo, et multis aliis designamentis Perensoli, quas uxor condam ipsius habet, etc.

Et nota quod Marinus de Gallera habet leones, æquos (*sic*), boves, nudos homines, cechaturas hominum et bestiarum, etc., aves condam Perenzoli.

Et nota quod mag. Marcus pictor... » (Cette dernière notice est relative à des

posait d'acquérir à Venise : médailles et monnaies, bronzes, marbres, pierres gravées, manuscrits d'auteurs classiques, y tiennent une place telle que l'on se croirait en plein quinzième siècle. Nous apprenons par la même occasion l'existence à Venise de collections analogues. Aux antiques, Forzetta aimait à joindre les ouvrages modernes : peintures, dessins, toiles peintes, etc., etc. Il était difficile de voir un amateur plus entreprenant ; il ne désespérait pas de faire entrer dans son musée les célèbres « putti » de Saint-Vital de Ravenne qui devinrent plus tard la propriété de l'église Santa Maria de' Miracoli de Venise. Une grande fortune, son mariage avec la fille d'un des grands fonctionnaires de l'Empire (1), autorisaient des visées si ambitieuses.

Pétrarque (1304-1374), auquel on attribuait jusqu'ici le mérite d'avoir le premier recherché les médailles antiques (2), n'a fait que suivre dans cette voie le Trévisan Forzetta. Un simple rapprochement des dates suffit à le prouver : lorsque l'illustre poète offrit à Charles IV, en 1354, dans la ville de Mantoue, quelques pièces frappées à l'effigie des anciens empereurs romains (3), il y avait près de vingt années déjà que Forzetta travaillait à l'enrichissement de son musée.

Le nom de Pétrarque nous amène tout naturellement à prononcer celui de son ami Cola di Rienzo (1310-1354). Le tribun, comme on

toiles peintes. Elle a été reproduite dans notre *Histoire générale de la tapisserie*, section italienne, p. 6, n. 9.) — Avogaro, *Trattato delle monete di Trevigio*, dans la *Nuova raccolta delle monete e zecche d'Italia* de Zanetti, t. IV, p. 151, et Federici, *Memorie trevigiane sulle opere di disegno*, Venise, 1803, t. I, pp. 184-185. Cf. pp. 178-180. Voir aussi Morelli, *Notizie d' opere di disegno*, pp. VIII-IX, 221, 222.

(1) Ce mariage eut lieu en 1323 (Avogaro, *op. laud.*, p. 156). Federici (t. I, p. 178) parle aussi « d' una memoria in marmo assai onorevole » qui se rapporte à Forzetta et qui se trouve dans l'église S. Nicolas de' Predicatori de Trévise.

(2) Mehus, préface des Lettres de Traversari, p. XLI. — Tiraboschi, *Storia della letteratura italiana*, éd. des classiques italiens, t. VI, p. 587. — Voigt, *Die Wiederbelebung des classischen Alterthums*, pp. 28-29. — Stark, *Handbuch der Archæologie der Kunst*, t. I, p. 105.

(3) ... « Itaque peroportunum aggredi visum est, quod jamdudum facere meditabar. Sumpta igitur ex verbis occasione, aliquot sibi aureas argenteasque nostrorum principum effigies minutissimis ac veteribus literis inscriptas, quas in deliciis habebam, dono dedi; in queis et Augusti Cæsaris vultus erat pene spirans, et ecce, inquam, Cæsar, quibus successisti, ecce quos imitari studeas et mirari, ad quorum formulam atque imaginem te componas, quos præter te unum nulli hominum daturus eram : tua me movit auctoritas. » (Pétrarque, *Epistolæ de rebus familiaribus*, liv. X, lettre 3, éd. de 1601, pp. 349, 351.)

sait, consacra ses loisirs à l'étude et à l'explication des monuments romains (1), en s'attachant surtout, à ce qu'il semble, au côté historique et épigraphique. Mais il y avait un abîme entre ces efforts fragmentaires et une recherche suivie, devant aboutir à de véritables collections.

Pour la seconde moitié du quatorzième siècle, les renseignements nous font défaut.

Au commencement du siècle suivant, la ville qui servit d'asile aux collections les plus remarquables fut cette même Florence qui en précéda tant d'autres dans la voie de la réforme littéraire et artistique. Architectes, sculpteurs et antiquaires se mirent presque simultanément à l'œuvre. Leurs efforts s'étendirent aux édifices antiques aussi bien qu'aux gemmes, aux bronzes, aux marbres. Les noms de trois des plus grands maîtres de l'art italien du quinzième siècle, Brunellesco, Donatello, Ghiberti, sont intimement liés à cette rénovation archéologique. Les deux premiers, pendant leur séjour à Rome, vers 1407, s'occupèrent avec une ardeur sans pareille de mesurer les innombrables vestiges de l'antiquité. Il n'y eut pas un fragment de cirque, de thermes, de temple, de basilique, qui ne fût étudié et dessiné par leurs soins (2). De retour à Florence, Donatello inspira la passion des antiquités à son protecteur Cosme, et restaura de sa main les nombreuses statues qui firent l'ornement du palais des Médicis (3).

(1) Tiraboschi, *loc. cit.*

(2) « (Filippo Brunellesco dicessi) egli è buono andare veggendo dove le scolture sono buone : ed andossene a Roma, che in quel tempo v' era, che si potevano vedere in publico assai delle cose buone, e di quelle, che vi sono ancora, benchè non molte, e di quelle, che da diversi pontefici, e signori cardinali e Romani, e d' altre nazioni, sono state trafugate, e portate, e mandate via. » (*Vita di Filippo di ser Brunellesco... scritta da anonimo contemporaneo autore*, éd. Moreni, Florence, 1812, p. 303.)

« E tornando alle cave di Filippo, e di Donato, generalmente erano chiamati quelli del tesoro, credendo ch' egli spendessono, e cercassono di quello ; e dicevasi : quelli del tesoro cercavano oggi nel tale luogo, ed un' altra volta in un altro, ec. Ed è 'l vero, che qualche volta vi si truova delle medaglie d' argento, e qualcuna d' oro, benchè di rado, così delle pietre intagliate, e calcidoni, e corniuole, e camei, ed altri simili, donde nasceva la maggiore parte di quella oppenione, che cercassono di tesoro. » (*Ibid.;* cf. Vasari, t. III, pp. 201-202, Vie de Brunellesco.)

(3) « In casa Medici, nel primo cortile, sono otto tondi di marmo, dove sono ritratti cammei antichi e rovesci di medaglie, ed alcune storie fatte da lui (Donatello) molto belle ; i quali sono murati nel fregio fra le finestre et l' architrave sopra gli archi delle loggie : similmente la restaurazione d' un Marsia, in marmo bianco antico, posto all' uscio del giardino ; ed una infinita di teste antiche poste sopra le porte.

Ghiberti ne s'intéressait pas moins à la statuaire et à la glyptique antiques. Ses *Commentaires*, publiés en tête de l'édition florentine de Vasari (éd. Lemonnier), nous fournissent une preuve éloquente de son admiration pour la statue de l'Hermaphrodite qu'il vit découvrir à Rome, pour une statue de Lysippe (?) trouvée à Sienne, pour une pierre gravée appartenant à Niccolò Niccoli, etc., etc. Ce fut à lui qu'échut la mission si attrayante de composer la monture de la fameuse corniole de Jean de Médicis, représentant Apollon et Marsyas. Dans la description qu'il nous a laissée de cette intaille, l'illustre sculpteur florentin nous montre que de son temps les connaissances archéologiques des Florentins n'étaient pas encore à la hauteur de leur goût. Le sujet représenté par le graveur antique est un mystère pour lui (1). Mais ce naïf enthousiasme ne valait-il pas mieux que tous les raffinements de l'érudition !

Les humanistes ne tardèrent pas à rivaliser d'ardeur avec les artistes. Le Pogge (1380-1459) fut un des premiers à recueillir d'un côté les inscriptions et les manuscrits, de l'autre les statues antiques. On connaît la lettre dans laquelle il parle de l'état de ses collections (2). C'était à Rome surtout, où il avait fait un si

restaurate, e da lui acconce con ornamenti d'ali e di diamanti (impresa di Cosimo), a stucchi benissimo lavorati. » — « Donato fu tale e tanto mirabile in ogni azione, che è si può dire che in pratica, in giudizio ed in sapere, sia stato de' primi a illustrare l'arte della scultura e del buon disegno ne' moderni : e tanto più merita commendazione, quanto nel tempo suo le antichità non erano scoperte sopra la terra, dalle colonne, i pili e gli archi triomfali in fuora. Ed egli fù potissima cagione che a Cosimo de' Medici si destasse la volontà dell' introdurre a Fiorenza le antichità che sono ed erano in casa Medici : le quali tutte di sua mano acconciò. » (Vasari, Vie de Donatello, t. III, pp. 252-253 et 264.)

(1) « In detto tempo, legai in oro una corniola di grandezza d' una noce colla scorza, nella quale erano scolpite tre figure, egregissimamente fatte per le mani d' uno eccellentissimo maestro antico : feci per picciuolo uno drago, coll' alie un poco aperte e colla testa bassa, (che) alza nel mezzo il collo ; l' alie faceano la presa del sigillo ; il drago, o 'l serpente (che) noi vogliamo dire, era tra foglie d' edera (le quali) erano intagliate di mia mano : intorno a dette figure (erano) lettere antiche titolate nel nome di Nerone ; le quali (foglie d' edera) feci con grande diligenza. Le figure erano in detta corniuola : uno vecchio a sedere in su uno scoglio, era una pelle di leone, e legato colle mani dietro a uno albero secco ; a' piedi di lui v' era uno infans, ginocchioni coll' uno piè, e guardava uno giovane il quale aveva nella mano destra una carta, e nella sinistra una citera ; pareva lo infans addimandasse dottrina al giovane. Queste tre figure (non) furono fatte per la nostra età. Furono certamente o di mano di Pergotile o di Policleto ; perfetto erano quanto cose videssi mai celate in cavo. » (*Commentaires*, ap. Vasari, I, XXXIII. Cf. Vasari, t. III, p. 112, Vie de Ghiberti.)

(2) ... « Habeo cubiculum refertum capitibus marmoreis, inter quæ unum est

long séjour, qu'il avait réuni les principaux éléments de son musée (1).

Ambroise le Camaldule († 1439) et Léonard d'Arezzo (1369-1441) (2) recherchèrent également les marbres et les gemmes, mais ce fut uniquement pour les offrir à leur ami Niccolò Niccoli

elegans, integrum : alia truncis naribus, sed quæ vel bonum artificem delectent. His, et nonnullis signis, quæ procuro, ornare volo Academiam meam Valdarninam, quo in loco quiescere animus est. » (*Ep.* XXVIII, ap. Mehus, préface des Lettres d'Ambroise le Camaldule, p. LII. Cf. Muratori, *Scriptores*, t. XX, p. 183.)

(1) Voici quelques autres documents relatifs aux collections du Pogge :

« Scripsi ad te nudius quartus de capitibus illis marmoreis, et item statuis noviter repertis, a quo aliquam profecto suscipies voluptatem. » (*Ep.* XXXVIII, apud Mehus, p. LII.) — M. Tonelli a commencé en 1832, à Florence, la publication des lettres du Pogge, mais cette entreprise si méritoire s'est arrêtée au premier volume.

« Expiscatus sum ibi caput marmoreum muliebre cum pectore, incorruptum : mihi quidem placet. Inventum est autem iis diebus, quum eruerentur fundamenta cujusdam domus. Hoc ego dedi operam ut huc ad me deferatur, et deinde ad hortulum meum ad Terram Novam, quem ornabo rebus vetustissimis. » (*Ep.* LXXVI, ap. Mehus, *loc. cit.*)

« Heri redditæ mihi sunt ab eo (magistro Francisco Pistoriensi) litteræ scriptæ Chii, quibus mihi significat se habere nomine meo tria capita marmorea Polycleti, et Praxitelis, Junonis scilicet, Minervæ, et Bacchi, quæ multum laudat, et ea dicit adlaturum secum Caietam usque. De nominibus sculptorum nescio quid dicam. Græculi, ut nosti, sunt verbosiores, et forsan ad vendendum carius hæc finxerunt nomina. Cupio me hæc falso suspicari. Scribit autem se habuisse hæc capita a quodam Caloiro, qui noviter in quodam antro reperit centum ferme statuas marmoreas integras operis pulcherrimi, ac mirabilis... addit etiam, quemdam Andreolum Justinianum nescio quid ad te missurum. Scio, quum hæc legeris, te incensum iri cupiditate illo proficiscendi, et cupere alas ad volandum... Ego statim rescripsi magistro Francisco, et item scripsi Andreolo : est enim (ut audio a Renuccio nostro) vir admodum doctus, ut perquirant, an aliqua ex eis statuis haberi posset vel precio, vel precibus, et in eo adhibeant operam, et diligentiam, mihique enarrent hanc rem diligentius. Volui te participem esse hujus inventionis. Existimo autem has statuas Deorum esse propter illa capita, et in aliquo sacello abditas. Caput Minervæ scribit esse cum laurea corona : Bacchi vero cum duobus corniculis. Quum venerint, collocabo ea in gymnasiolo meo. Minerva apud nos non omnino male erit. Collocabo enim illam inter libros meos. Bacchus autem optime. Nam si quo in loco diversorium meretur, in patria mea recte esse potest, in qua et colitur præcipue. Junoni item locum dabimus. Quum enim fuerit olim uxor adulteri, nunc pellex erit. Ego etiam hic aliquid habeo, quod in patriam portabitur. Donatellus vidit, et summe laudavit. » (*Ep.* LXXVI, ap. Mehus, pp. LII-LIII.)

(2) « Pollicitus fuerat mihi Romanus quidam civis jaspidum cum Narciso (*sic*) in aqua sese vidente, quem aiebat Ostiæ, dum foderetur, inventum. Hunc ego læto animo expectabam, ut tibi, qui horum studiosissimus es, gratificarer. » (Lettre de Léonard à Niccoli, apud Mehus, préface, p. LIII.)

(† 1437). C'est lui, en effet, qui centralisait tous ces efforts et qui en tira le parti le plus brillant. Simple citoyen, presque sans fortune, il créa une bibliothèque et un musée qui firent l'ornement de sa ville natale. Ambroise le Camaldule, qui lui avait envoyé tant de pièces précieuses (1), le Pogge (2), Giannozzo Manetti (3), Fazio (4), Vespasiano (5), Ghiberti (6), sont unanimes à proclamer et sa compétence et la richesse de ses collections.

(1) « Delectabatur admodum tabulis et signis, ac variis cælaturis priscorum more. Plura enim prope solus atque exquisitiora habebat quam cæteri fere omnes, ad quæ visenda multi alliciebantur ut non privato aliquo in loco, sed in theatro quodam collocata ac exposita esse refirmares. » (Ambroise le Camaldule, Eloge de N. Niccoli, dans la *Veterum scriptorum... collectio* de D. Martene, t. III, p. 735.)

(2) « Hic librorum ingens numerus, tum latinorum, tum græcorum, hic signa, et tabulæ, hic veterum imagines, hic numismata usque a priori illa ætate, qua æs primum cudi, et moneta obsignari est cœpta, conspiciebantur. » (Oraison funèbre de Niccoli par le Pogge, apud Mehus, p. LI.)

(3) « Priscis picturis, sculpturisve plurimum delectabatur. Quocirca nihil in tota fere Italia ab antiquis illis celebratis sive pictoribus, sive sculptoribus affabre pictum, sculptumve reperiebatur, quod domi suæ nullis sumptibus parcens congregare non conaretur, si ullo quovis pacto præ facultatibus suis licuisset. Unde magnam quandam hujusmodi tabularum, ac signorum copiam comparaverat. » (Vie de N. Niccoli, par Giannozzo Manetti, apud Mehus, préface, pp. LXXVII-LXXVIII.)

(4) « Græcæ et latinæ linguæ, omnisque antiquitatis studiosus, picturam, statuariam, ac veterem elementorum formam, cæterasque artes nobiles, quæ vel ingenio, vel manu artificum commendantur, quæ jamdiu apud nos consenuerant, in usum revocavit. » (*De Viris illustribus*, éd. Mehus, Florence, 1745, in-4°, p. 11.)

(5) « Aveva oltre all'altre sue singulari virtù, come è detto, uno universale giudicio, e non solo delle lettere, ma, come è detto, di pittura e di scultura; e aveva in casa sua infinite medaglie di bronzo e di ariento e d'oro, e molte figure antiche d'ottone, e molte teste di marmo, e altre cose degne. Accadde uno di che, andando Nicolao fuori di casa, vide un fanciullo che aveva un calcedonio al collo, dove era una figura di mano di Policleto, molto degna. Domandò al fanciullo di chi egli era figliuolo, e inteso il nome del padre, mandò a domandarlo che glielo vendesse. Fu contento, come quello che non lo conosceva e non lo istimava. Mandògli cinque fiorini. Al buon uomo, di chi egli era, parve che gliene donasse più della metà. Avendo di poi Nicolao questo calcedonio, lo mostrava per una singularissima figura, come ella era. Sendo in Firenze il patriarca, nel tempo di papa Eugenio, chiamato maestro Luigi, e dilettandosi assai di simili cose, mandò a dire a Nicolao che lo pregava facesse ch'egli vedesse questo calcedonio : Mandollo, e piacquegli in modo ch'egli lo ritenne, e mandò a Nicolao ducati dugento d'oro; e strinselo in modo, che bisognò che Nicolao, non essendo molto ricco, fu contento a dargliela. Venne di poi dopo la morte del patriarca, in mano di papa Pagolo; di poi lo ebbe Lorenzo de' Medici. » (Vite de N. Niccoli, pp. 476-477.)

(6) « Tra l'altre egregie cose io vidi mai, è uno calcidonio intagliato in cavo mirabilmente, il quale era nelle mani d'uno nostro cittadino, il quale era il suo nome Niccolaio Niccoli. Fu uomo diligentissimo, e ne' nostri tempi fu investigatore e cer-

Les Médicis, qui recueillirent la majeure partie de cette inestimable succession, avaient de leur côté commencé d'assez bonne heure à rechercher les spécimens de la statuaire et de la glyptique des anciens. La collection formée par Cosme, le Père de la Patrie, a été célébrée à l'envi en vers et en prose (1).

catore di moltissime ed egregie cose antiche, si in iscritture, si in volumi di libri greci e latini; et infra le altre cose antiche, aveva questo calcidonio, il quale è perfettissimo più che cosa io vedessi mai. Era di forma ovale; in su esso era una figura d'un giovane il quale aveva in mano un coltello; era con un piede quasi ginocchioni in su un altare, e la gamba destra era a sedere in sull'altare, e posava il pie in terra; il quale scorciava con tanta arte e con tanta maestria, che era cosa maravigliosa a vederlo. E nella mano sinistra aveva un pannicello, il quale teneva con esso un idoletto : pareva el giovine il minacciasse col coltello.

« Essa scultura, per tutti i periti et ammaestrati di scultura o di pittura, senza discordanza nessuna, ciascuno diceva esser cosa maravigliosa, con tutte le misure e le proporzioni debbe avere alcuna statua o scultura : da tutti li ingegni era lodata sommissimamente. Non si comprendeva bene a una forte luce. La ragione è questa che le pietre fine e lustrate essendo in cavo, la forte luce e la riflessione d'esse occultano la comprensione. Detta scultura non si vedeva meglio che a volgere la parte cavata inverso la forte luce : allora si vedeva perfettamente. » (*Commentaires* de Ghiberti, ap. Vasari, I, XV.)

(1) Palatium Urbis.

O mensam ditem, dic auro quanta supellex,
 Quantaque prægustans aurea vasa tenet.
Est puppis, qua vasa salis reclusa tenentur,
 Et centum liquidas quo capit ore dapes.
Sunt gladii, servatque eadem vagina bicuspes;
 Vasaque sunt servat vina phalerna quibus.
Quis numerat pateras ingenti pondere, quisnam
 Det pretium pelvi, qua cadit unda manus ?
Vel vasi, in quo stat manibus nec tradita limpha
 Cujus fastigio sunt adamanta tria.
Denique nulla tuis desunt vasa aurea mensis,
 Sive decus mensæ, seu sibi mensa velit,
Si thalamos vidisse paras, sunt aurea fulcra,
 Atque suos servant lintea clausa toros;
Scrinia si tentes, immenso est pondere pondus,
 Quot puto sunt cophinis his adamanta tuis.

(Alberti Advogadrii Vercellensis, *De religione et magnificentia illustris Cosmi Medicis Florentini,* dans les *Deliciæ eruditorum* de Lami, t. XII, pp. 143-144.)

« Objurgabit eum fortassis et alius, quum domum illius nuper exstructam ingredietur, videritque in ea miro ordine lapideos, et altissimos et latissimos muros crassiores procerasque columnas, marmoreas statuas, picturas egregias, quas Apellis diceres seu Lysippi; ornatissima Petri et Joannis filiorum cubicula, solaria inaurata miraque excisa varietate, scamna cypressima, et reliqua quæ principi magis quam

Laurent de Médicis l'Ancien (mort en 1440, à l'âge de quarante-six ans) avait également formé une collection importante. Un de ses biographes (1) s'exprime ainsi à cet égard : « Erat enim ditissimus agri, ditissimusque auri, atque pretiosæ vestis, et universæ suppellectilis, signis, tabulis pictis, vasis cælatis, margaritis, libris mirum in modum affluit. »

Les deux fils de Cosme, Jean et Pierre, héritèrent du goût de leur père pour les antiquités. Le premier d'entre eux était le possesseur de la belle calcédoine décrite par Ghiberti (voir ci-dessus, page 52, note 5). Quant au second, nous avons déjà eu l'occasion de parler (2) de ses camées et intailles antiques.

Un auteur du quinzième siècle, Thomas Salvetti, nous entretient, en outre, de la riche collection d'ornements sacrés réunis par un abbé florentin, Jean Gometius ou Gomez (3).

Les autres villes italiennes ne tardèrent pas à rivaliser avec Florence. Le savant qui avait peut-être le plus puissamment secondé Niccolò Niccoli dans la formation de son cabinet est précisément celui auquel nous devons les renseignements les plus complets sur les collections du reste de l'Italie. Nous voulons parler du camaldule Ambroise Traversari, dont l'inestimable re-

privato civi convenire videantur. » (Timothei Maffei Veronensis.... *In magnificentiæ Cosmi Medicei Florentini detractores Libellus*, apud Lami, *op. laud.*, t. XII, p. 155.)

..... tantarum potiere cacumine rerum,
Auratis spectere thoris, pictisque tuorum
Vestibus, argentoque gravis domus undique cuncta
Splendeat, et signis, tabulisque novissima multis,
Quas modo vel manibus Polycleti exisse putamus,
Phidiacoque sinu, videat quas forma politas,
Praxitelis quod præstet opus, seu quale Corynthо
Prodiit, artifices cui concessere priores.

(Jean-Marie Filelfo, *Cosmiade*, liv. I, apud Mehus, p. CCCLXXVIII.)

D'après M. Dütschke (*Antike Bildwerke in Oberitalien*, t. III, p. VIII ; Leipzig, 1878) la valeur des pierres gravées, des vases et des objets précieux de Cosme l'Ancien aurait dépassé 28,000 florins.

(1) Voir Mehus, Introduction, pp. XVIII-XIX.

(2) *Revue archéologique*, octobre 1878, p. 206.

(3) « Quot et quæ paramenta, cruces, calices, libros latinos, pariter et græcos, tapeta, organique instrumenta, et alia multa ad divinum cultum, atque ornatum composita quam parvo tempore quæsierit hic Reverendissimus Gometius, nonnullis incredibile foret. » (Mehus, *op. laud.*, p. 40). La biographie de Salvetti est datée de 1442.)

cueil épistolaire a été publié à diverses reprises, et notamment par le savant abbé Méhus. Dans ses nombreux voyages, il ne se contente pas de recueillir pour son ami des manuscrits ou des médailles; il note encore avec soin les pièces rares ou curieuses qui appartenaient à d'autres amateurs; quelquefois même il en prend des empreintes.

Parmi ces amateurs, le plus célèbre, le plus sympathique, fut à coup sûr celui qu'il rencontra à Venise, en 1432: Cyriaque d'Ancône. L'infatigable voyageur, poète, épigraphiste et archéologue, portait avec lui des médailles et des pierres gravées qui remplirent Traversari d'admiration (1).

Dans la collection d'un médecin vénitien du nom de Pierre, le savant camaldule remarqua surtout une médaille d'Alexandre le Grand (2); dans la collection d'un autre Vénitien, Benoît Dandolo, une médaille de Bérénice (3).

(1) « Adiit nos inter cæteros et Kyriacus Anconitanus, multaque nobis ostendit antiquitatis, cujus studiosissimus indagator erat, monumenta, tum epigrammata vetusta, tum signatos nummos argenteos, et aureos, tum signa. » (*Hodœporicon*, p. 30, cité par Mehus dans son édition des Lettres de Traversari, Préface, p. LIII.) — « Offendi Cyriacum Anconitanum antiquitatis studiosum. Ostendit nummos aureos et argenteos; eos scilicet quos ipse vidisti : Lysimachi, Philippi et Alexandri ostendebat imagines; sed an Macedonum sint scrupulus est. Scipionis, Junonis in lapide onychino, ut ipse aiebat, effigiem (nam litteræ auro tegebantur) vidi summæ elegantiæ : adeo ut numquam viderim pulchriorem. Eam tibi nequaquam conspectam adseverat, sive sponte subtraxerit, sive illam posteaquam profectus a nobis est, nactus fuerit, dignam profecto quæ a te non ignoretur. » (*Ambrosii Traversarii.... Epistolæ*, éd. Mehus, livre VIII, lettre 45, col. 412. Lettre de 1432.)

Lorsque Cyriaque mourut, ce fut à bon droit qu'un de ses contemporains proclama ses connaissances en matière d'archéologie figurée :

Orbe vetusta novans toto monumenta peritus
 Interpres olim nunc Kyriacus obit.
Non sculptura vetus, non æra incussa, nec ullum
 Vestigium prisci temporis hunc latuit.

(Voir Mehus, p. CCCCXIV.)

(2) .... « Ostenditque ipse argenteos nummos : sed nihil æque, ac Alexandri effigiem sum admiratus, quam esse Macedonis illius Magni plurima sunt quæ suadeant, ante omnia vetustissimæ literæ græcæ : ΑΛΕΞΑΝΔΡΟΣ.... atque inferius M; præterea leonis pelle obvolutum caput, et alia. » (Même lettre.)

(3) « Conveni d. Benedictum Dandulum, nummumque in quo Berenicis reginæ insignita erat effigies, vidi; nam cristallinam Alexandri imaginem videre idcirco fas non erat, quia hanc possessor ineptus distraxisse, Barbaro auctore, ferebatur...

Chez un noble génois, nommé Andreolus (Justinianus), Traversari avait vu, dès 1430, une série de médailles d'une haute antiquité : « numnios aureos vetustissimos (1). » La collection d'un autre Génois, Elien Spinola, nous est connue par une lettre du cardinal Ammanati.

Cyriaque d'Ancône, à son tour, nous signale quelques collections intéressantes. A Pavie, il trouva, en 1442, une belle série de monnaies chez le fils du marquis de Mantoue, Gianlucido (né en 1421, mort en 1448), qui faisait alors ses études dans cette ville (2). A Pavie encore il fit un échange de pièces rares avec un jurisconsulte (3).

On manque malheureusement de renseignements sur les collections des Visconti; nous en sommes réduits à ignorer si les trésors d'art réunis par cette famille célèbre égalaient en importance leur admirable bibliothèque (4). L'inventaire dressé à Pavie lors de la mort du dernier duc, Philippe-Marie, ne mentionne que des tapisseries et des étoffes (5).

Berenicis imaginem pridie quam proficiscerer in plumbo exprimi jussi optime et elegantissime, quam ad te misissem continuo, si affuisset cui tuto committi posset. Eam vel mecum feram, vel mittam. » (Lettre du 3 juillet 1433 à Niccolò Niccoli, éd. Mehus, livre VIII, lettre 48, col. 417; éd. Martene, livre XX, lettre 26, col. 686. Voir aussi, dans cette dernière édition, pp. 411, 548, 549, 553, 686.)

(3) *Epistolæ*, éd. Mehus, livre VIII, lettre 35, col. 393-394. Voir aussi la Préface, p. LIII.

(1) « Invenimus et eadem in urbe illustrem Joannem Lucidum Mantuanum Marchionem, qui mihi postquam plurima numismata aurea, argenteaque, et æra ostentarat, Stesimbroti Thasii argenteum nummum largitus est, qui prima in parte ejusdem caput hedera coronatum habebat; alia vero in facie Herculis imaginem suis cum insignibus, clavamque et leonis pellem gerebat, cui sic atticis literis inscriptum erat : ΗΡΑΚΛΕΥΣ ΣΩΤΗΡΟΣ ΘΑΣΙΩΝ. » (*Commentariorum...... nova fragmenta*, pp. 26-27.)

(2) « Invenimus et præclaros inter et doctissimos viros Catonem jureconsultum hominem, quoi Catonis argenteum nomisma dono dedi, et ipse me contra 4 argenteis antiquissimis donatum fecit, quorum in altero Castorem et Pollucem equestres insignitos habebat; in altero vero M. Lucini videbatur capitis imago; alter ex parte bijugales equos pro insigne gerens. » (*Op. laud.*, p. 26. Voir aussi p. 36.)

(3) M. le marquis d'Adda a rendu un grand service en publiant, il y a peu d'années, l'inventaire de cette bibliothèque, accompagné d'un commentaire du plus haut intérêt (*Indagini storiche, artistiche e bibliografiche sulla libreria Visconteo-Sforzesca del castello di Pavia, compilate ed illustrate con documenti inediti per cura d'un bibliofilo : Parte prima*; Milan, Brigola, 1875, in-8°). Tous les amis des sciences et des arts attendent avec impatience l'achèvement de l'ouvrage entrepris par l'éminent bibliophile milanais.

(4) Nous avons publié plusieurs fragments de ce document dans notre *Histoire générale de la tapisserie : Tapisseries italiennes*, p. 11, note 6.

Même incertitude au sujet des collections des Sforza. Parmi les objets engagés à Ancône en 1442 par le comte François, en garantie d'un emprunt de 2.000 ducats d'or, figurent des vêtements, beaucoup de vases d'or et d'argent, mais point d'antiques (1).

Ne quittons pas l'Italie du Nord sans mentionner une collection souvent citée, quoique la composition en soit peu connue, celle du peintre Squarcione (1394-1474), le maître de Mantègne. Le marquis Selvatico parle des statues, des bas-reliefs, des bronzes, etc., qui ornaient la maison de l'artiste de Padoue (2); mais en réalité les témoignages des auteurs anciens sont fort vagues (3).

Les d'Este ne pouvaient manquer de suivre l'impulsion générale. D'après Maffei, Lionel (1407-1450) aurait formé à Ferrare, dès avant 1430, une collection de cornalines et d'autres pierres gravées (4). Le marquis G. Campori parle, en outre, de médailles et de peintures (5). Les sculptures antiques aussi ont été recherchées de bonne heure par cette famille illustre; nous le savons par le témoignage de Ghiberti (6).

(1) Osio, *Documenti diplomatici traiti dagli archivi milanesi*, t. III, p. 272, Milan, 1872.

(2) « Aprì nella propria casa una scuola di pittura, fornita a dovizia dei proprii disegni, e delle statue, bassorilievi, bronzi, ecc., che egli aveva raccolti viaggiando. » (*Il pittore Francesco Squarcione, Studii storico-critici*, Padoue, 1839, in-8°, p. 17.)

(3) « Signa aut pictas tabellas plurimas habuit, quarum magisterio et Andream (Mantègne) et reliquos condiscipulos instruxerat, magis quam editis a se archetypis aut ditatis seu novis exemplis ad imitandum præbitis. » (Scardeone, cité par Crowe et Cavalcaselle, *Histoire de la peinture italienne*, éd. allem., t. V, p. 317.) — « E perchè si conosceva lo Squarcione non esser il più valente dipintore del mondo, acciocchè Andrea imparasse più oltre che non sapeva egli, lo esercizio assai in cose di gesso formate da statue antiche, ed in quadri di pittura, che in tela si fece venire da diversi luoghi, e particolarmente di Toscana e di Roma. » (Vasari, Vie de Mantègne, V, 159.)

(4) « In Ferrara avanti il 1430 raccolta di corniole e d' altre gemme intagliate, e di medaglie, e di pitture fatte da Leonello discepolo di Guarino si riconosce ne dialoghi d' Angelo Decembrio : *Pol. lit.* 6, p. 68. » (*Verona illustrata*, t. III, col. 208. Cf. Zani, *Enciclopedia*, 1re partie, t. I, p. 270.)

(5) « La collezione delle antiche monete conservata nella ducale guardaroba, che riconosce probabilmente l' origine del marchese Leonello, il quale come si legge nei Dialoghi di Angelo Decembrio, aveva adunato buon numero di corniole ed altre gemme intagliate, di pitture e di medaglie, erasi venuto aumentando con più o meno di larghezza dai successori di lui. » (*Enea Vico e l' antico museo estense delle medaglie*, Modène, 1873, p. 6; extrait du tome VII des *Atti e memorie delle RR. deputazioni di Storia patria per le provincie modenesi e parmensi.*)

(6) « La quale (statua) fu trasportata a Ferrara, e un figliuolo del Lombardo della Seta, a cui era stata lasciata dal padre, la mandò a donare al marchese di

Dans le sud de l'Italie, à Naples, Alphonse d'Aragon († 1458) recherchait avec ardeur non seulement les manuscrits, mais encore les médailles (1). Son biographe, Antoine Beccadelli de Palerme, nous fait connaître à ce sujet un trait bien curieux de son caractère : il nous le montre s'enflammant pour la vertu et la gloire à la vue des portraits des hommes célèbres de l'antiquité. Un autre écrivain attaché à la cour de Naples, B. Fazio, ajoute au témoignage d'Antoine de Palerme quelques renseignements précieux. Nous les reproduisons en note (2). N'oublions pas qu'Alphonse fut l'heureux acquéreur d'une partie de l'orfèvrerie laissée par Nicolas V. Lorsque Æneas Sylvius célébrait l'« admirabilem et incredibilem auream et argenteam suppellectilem » du monarque napolitain (3), il ne se doutait pas qu'un jour, élu à la place de Calixte III, il serait forcé de combler les vides causés dans les collections pontificales par l'échange auquel Alphonse devait ses plus belles pièces.

Nous avons gardé pour la fin de cet essai, dont nous ne nous dissimulons pas les lacunes, l'étude des collections formées dans la Ville éternelle. Les Romains, si attachés pendant le moyen âge au souvenir de leur antique grandeur, ne s'associent que tardivement, une fois sortis de la longue anarchie causée par le schisme, au mouvement qui avait gagné les cités voisines. A ne tenir compte que des témoignages d'intérêt prodigués aux monuments romains dès le premier tiers du quinzième siècle par les

Ferrara, il quale di scultura e di pittura molto si dilettava. » (Commentaires de Ghiberti, éd. Lemonnier. Vasari, I, p. XIII.)

(1) « Numismata illustrium Imperatorum, sed Cæsaris ante alios, per universam Italiam summo studio conquisita in eburnea arcula a rege, pene dixerim religiosissime, asservabantur. Quibus, quoniam alia eorum simulachra jam vetusta collapsa non extarent, mirum in modum sese delectari et quodammodo inflammari ad virtutem et gloriam inquiebat. » (*De dictis et factis Alphonsi regis Aragonum libri quatuor*, Bâle, 1538, livre II, pp. 39-40.)

(2) « Librorum volumina prope infinita in bibliothecam suam mirifice ornatam conjecit. Aureis, argenteis que vasis, simulacrisque, tum gemmis, et cetero regali cultu omnes sæculi nostri reges longe superavit. » (*De viris illustribus*, éd. Mehus, Florence, 1745, page 78. Voir aussi la *Dactyliotheca Smithiana* de Gori, tome II, pp. CXXIV-CXXV.)

(3) « Sacerdotalia monumenta, et altaris ornamenta comparavit, quibus comparari alia nulla queant. Sacram ac domesticam suppellectilem, auream et argenteam admirabilem et incredibilem composuit. Margaritas, uniones, adamantes, cæterosque lapides preciosos toto orbe quæsitos coemit : sacelli in quo sacris interfuit, et aularum quas incoluit, parietes divitibus atque aureis pannis ornavit. Vestivit se ipsum nitide magis quam preciose. Serico raro usus, aut ostreo paludamento. » (*De Europa*, chap. LXV, p. 470 de l'éd. de 1571.)

archéologues, les historiens, les poètes, les artistes, on aurait pu croire que les habitants de l' « alma urbs » s'étaient occupés de bonne heure de préserver de la destruction les innombrables statues qui jonchaient les abords du Forum ou les collines désertes. L'importance de ces débris n'avait échappé à aucun esprit cultivé. Dès avant 1407, Brunelleschi et Donatello avaient étudié et mesuré jusqu'aux moindres ruines disséminées dans la campagne romaine. Ces études, il est vrai, parurent tellement étranges aux Romains, qu'il prirent les deux artistes pour des chercheurs de trésors (1). Ghiberti, nous le savons par lui-même, avait suivi avec émotion, lors de son séjour à Rome, les fouilles faites près de San Celso (2). Plus tard, Flavio Biondo († 1463) avait étudié et décrit avec autant de science que d'amour, dans des livres qui firent époque (3), les souvenirs de la splendeur antique. Pie II, comme on sait, avait publié, en 1462, une bulle destinée à protéger ces restes vénérables. Les poètes enfin n'avaient cessé d'en proclamer la magnificence. Et cependant l'œuvre de dévastation suivait son cours : statues et bas-reliefs continuaient à alimenter les fours à chaux. Il serait oiseux de reproduire ici tous les documents dans lesquels se trouvent constatés ces actes de vandalisme, qui se prolongèrent jusque dans le dernier tiers du quinzième siècle ; on les trouvera réunis ou résumés dans les ouvrages de Papencordt (4) et de M. Gregorovius (5). Ce qu'il importe d'établir ici, c'est qu'à l'époque dont nous nous occupons, c'est-à-dire au xve siècle, les marbres les plus précieux étaient en quelque sorte à la merci du premier venu, qu'il fût archéologue, amateur, ou fabricant de chaux.

La situation était différente en ce qui concernait les objets de petite dimension, faciles à transporter, et par conséquent à vendre. Les étrangers de passage à Rome les recherchaient avec soin, sauf à bien vite emporter leur butin dans leur patrie : citons le Pogge, Léonard Bruni, les Médicis. La cour pontificale, l'aristocratie romaine, semblent n'être revenues que fort tard de leur dédain pour ces vestiges de la civilisation antique. Rien ne nous prouve que Nicolas V, si passionné pour les manuscrits, ait ac-

(1) Voir ci-dessus p. 49.

(2) *Bulletin de l'Institut de correspondance archéologique*, 1837, pp. 68-70, et Vasari, t. I, p. xI.

(3) *De Roma triumphante.* — *Roma instaurata.*

(4) *Geschichte der Stadt Rom im Mittelalter.*

(5) *Storia della città di Roma*, t. VII, pp. 655 et ss.

cordé quelque attention aux monuments figurés. Pie II, qui savait si bien apprécier les antiques, qui les décrivait avec tant de complaisance, ne paraît jamais avoir songé à les recueillir, à former un musée. Il croyait avoir assez fait pour elles en les signalant à l'attention du public.

L'infortuné Stefano Porcari († 1452) a été un de ceux auxquels revient l'honneur d'avoir inauguré dans la Ville éternelle le culte de l'art classique. Malheureusement, outre le témoignage d'Ambroise le Camaldule (1), nous ne possédons sur son « studio » que le renseignement contenu dans l'inventaire du cardinal Barbo (chapitre des bronzes) : « puer trajectatus ab illo qui fuit d. Stephani de Porcariis. »

Le cardinal Giordano Orsini (deuxième du nom; † 29 mai 1438), qui légua au chapitre de Saint-Pierre pour environ 8,000 florins de terres, de manuscrits, d'ornements sacrés, etc., etc., ne paraît pas avoir possédé d'antiques. Dans la notice nécrologique que lui ont consacrée les chanoines (2), on ne trouve mentionnés que des parements, des reliquaires et d'autres objets destinés au culte.

Quant au riche et puissant cardinal Scarampo, qui mourut, dit-on, du chagrin qui lui causa l'élévation au trône pontifical de son rival Pierre Barbo, il paraît s'être plus occupé de thésauriser (3) que de collectionner. Parmi ses dépouilles, Gaspard de Verone cite surtout des joyaux, des bijoux, des vêtements précieux, des tapisseries (4).

(1) « Stephanus Porcius, cum essem Bononiæ ante unum mensem, annulum aureum cum onyche effigiem habentem pulcherrimam mihi dono dedit, oravitque ut illum sui gratiam gestarem. Non est quidem meæ consuetudinis, ut nosti, annulatum incedere. Tamen, » etc., etc. (*Ambrosii camaldulensis Epistolæ*, dans la *Veterum scriptorum collectio* de dom Martene, t. III, col. 450.) — Une autre lettre du même auteur, datée de 1433, contient quelques détails supplémentaires sur le camée enchâssé dans la bague : « Stephanus Porcius.... anulum et quidem multum renitenti dono dedit, onyca habentem, cum effigie candida prominente Hadriani, an alterius nescio, omnem admirationem excedentem, oravitque, ut illum in sui memoriam ferrem. » (*Ambrosii Traversari.... Epistolæ*, éd. Mehus, liv. VIII, lettre 52, col. 422.)

(2) Marini, *Archiatri*, I, 131-132.

(3) On évaluait sa fortune à 200,000 ducats d'or (G. de Vérone dans les *Scriptores* de Muratori, t. III, 2e partie, p. 1027.)

(4) « Interea omne argentum et aurum cum ceteris rebus innumerabilibus, quam Florentiam Patriarcha miserat, quo, si vixisset, iturus fuerat, reportata sunt ad pontificem, actoribus primariis et adjutoribus Antonio Eugubino protectore caussarum et fisci acutissimo, et Falcone Sinibaldo Romano, cameræ apostolicæ clerico

Ce sont des objets de même nature que Paul II acquit de ses héritiers, d'après deux documents encore inédits (1). Cependant, si nous en jugeons par l'anecdote racontée par Vespasiano et rapportée ci-dessus, Scarampo n'était pas indifférent à la beauté des antiques : pour donner 200 ducats d'or d'une calcédoine gravée, il fallait qu'il fût accessible à d'autres sentiments que la cupidité.

L'exemple de Paul II ne tarda pas d'ailleurs à exercer une influence bienfaisante. Un des prélats de sa cour, le cardinal François Gonzague, se distingua par sa passion pour les antiques. M. Armand Baschet a retrouvé la lettre qu'il écrivit à son père, le marquis de Mantoue, pour le prier de lui envoyer à Bologne, où il comptait s'arrêter deux jours, le grand interprète de l'antiquité classique : Mantègne. Il désirait, disait-il, lui montrer les camées, têtes de bronze et autres belles choses qu'il apportait avec lui. « Con Andrea pigliaro spasso de mostrarli miei camaini e teste di bronzo ed altre belle cose antiche : sopra le quali stu-

dignissimo, qui quicquid expetiverunt a Florentinis ea in re, impetraverunt, et summo cum honore et laude Romam cum grandi illo pondere divitiarum reverterunt, pecunia numerata, indumenti immensi pretii, annulis aureis, lapillisque pretiosissimis pæne infinitis, tapetibus quoque et auleis, labris et lancibus argenteis omnibus, et omni denique pretiosorum genere, quarum omnium rerum ipse parcus, imo avarus in vita exstiterat. » (Muratori, *loc. cit.*)

(1) 1476, 26 avril. « Reverendissimis dominis executoribus testamenti bo : me : domini Ludovici tituli S. Laurentii in Damaso presbiteri cardinalis, patriarcha (*sic*) Aquilejensis et s^mi d. n. papæ camerarii, ac honorabili viro Johanni de Tornabonis de Florentia, socio et institori honorabilis societatis de Medicis, de romana curia, pro dictis executoribus recipienti, videlicet mille florenos auri de camera pro pretio infrascriptorum vasorum et cleniorum (*sic*, pour *clenodiorum*) argenteorum dicti quondam domini camerarii a s^mo d. n. papa emptorum et debite visorum, ponderatorum, et extimatorum, quæ vasa et clenodia sunt ista, videlicet IIII^or bocalia, IIII^or candelabra, duo bacilia et uno cucumo (*sic*) pro barba, unum rifriscatorium, unum quadrectum cum sex boctonis, una confectoria magna, IIII^or scutellæ, IIII^or scutellini, una nappa liscia, una confectoria sine pede, duo nappi, et sex taxiæ, et unum bicherium, cum suo copertorio, omnia supradicta de argento, aliqua eorum tota deaurata, aliqua de parte et aliqua tota alba. Item tria coclearia, et duæ forcellæ de auro, et una salaria de diaspro in quæ erant sex unciæ auri, quæ omnia, ut præmittitur, extimata et empta fuerunt pro pretio mille florenorum auri de camera. » M. 1464-1466, fol. 82 v°.

« Reverendissimis dominis... (mêmes formules que ci-dessus), seu honorabili viro Johanni de Tornabonis.... florenos auri de camera quigentos triginta duos pro pretio infrascriptarum rerum dicti quodam domini cameraril a s^mo d. n. papa emptarum et debite visarum et extimatarum, quæ quidem res et bona sunt infrascripta, videlicet unum missale copertum de setanino celestre.... » (suivent deux pages en blanc). Ibid., fol. 84 v°.

diaremo e conferiremo de compagnia (1). » Nous savons, en outre, par un document publié ici même, que le cardinal avait entre les mains, à l'époque de la mort de Paul II, plusieurs des pierres gravées offertes en vente à ce dernier par Me Giuliano di Scipione Amici (2).

Dans le dernier tiers du quinzième siècle, on citait déjà comme une exception un prélat qui ne recherchait point le luxe, qui se passait de tapisseries, etc. (3).

Cette revue des collections italiennes ne devant pas dépasser le règne de Paul II, nous nous bornerons à signaler encore le cabinet formé par un autre prélat ou fonctionnaire de la cour pontificale : Agostino Maffei. Originaire de Vérone, mais fixé de bonne heure à Rome, il réunit de nombreux manuscrits, des statues, des médailles et d'autres antiques. Les littérateurs du temps célébrèrent à l'envi son *musée* (4); ce mot commençait dès lors à s'appliquer aux collections du genre de celles que nous venons d'étudier.

Peut-être le lecteur estimera-t-il que les dates et les faits ci-dessus rapportés sont de nature à modifier quelque peu les opinions jusqu'ici reçues sur la marche des idées en Italie, pendant le XIVe et le XVe siècle. Il nous paraît notamment démontré que la renaissance archéologique a suivi de près la renaissance littéraire et qu'elles ont toutes deux précédé, d'un demi-siècle au moins, la renaissance des arts.

EUG. MUNTZ.

(1) Lettre du 18 juillet 1472. *Gazette des Beaux-Arts*, t. XX, p. 344. Cf. *Zeitschrift für bild. Kunst*, 1876, p. 24. Sur la connaissance que Mantègne avait des monuments antiques, on pourra consulter avec fruit l'article de M. le vicomte Delaborde dans la *Gazette archéologique*, 1877, p. 3 : *Des origines d'une estampe de Mantègne*. Sur un buste de Faustine acheté par Isabelle d'Este à Mantègne, voir les *Lettere pittoriche*, éd. Ticozzi, t. VIII, p. 33, lettre du 1er août 1506.)

(2) *Revue archéologique*, 1878, t. II, p. 203.

(3) « Habitabat (cardinalis Carvajal) ædibus modicis apud sacellum Marcelli martyris; nulla auleorum aut vestis stragulæ vanitate. » (*Commentaires* du cardinal Ammanati, liv. VII, p. 454, à la suite des *Commentaires* de Pie II, éd. de 1614.)

(4) Maffei, *Verona illustrata*, t. II, col. 142-143, et t. III, col. 204. — Les documents recueillis par le savant auteur de *Vérone illustrée* manquent malheureusement de précision. — Le manuscrit de Montagna, qui est conservé à la bibliothèque de l'Institut, contient également quelques vers, fort insignifiants, adressés à Aug. Maffei. Ce manuscrit n'est postérieur que d'une année environ à la mort de Paul II, comme le prouve une inscription placée à la fin du volume : « Vale, dive princeps, meiq. memor sis. Viterbii, die X augusti MCCCCLXXII. »

APPENDICE.

Depuis l'impression de la première partie de ce travail, M. le Ch. W. Braghiroli, directeur des Archives de Mantoue, a bien voulu nous communiquer les extraits suivants, qui sont de nature à fournir de nouveaux éléments pour l'histoire des collections d'antiquités formées par la famille des Gonzague.

1381 et 1409.

Res et jocalia et argenterie per mag[cum] Ludovicum de Gonzaga Mantuae consignate a Matteo della Camera et Conrado de Pancerio, ejus familiaribus, MCCCLXXXI.

Una botigia lapid. vivi puntegiata et vergata venarum plurium nigrarum ipsius lapidis.

Una botighia lapid. marmorei, seu alabastri, intaliata cum soaziis (?) a capitibus et cocono argenti cum stiro albo et rubeo, portat. per Franciscum Torelum.

Unus arbisellus unius coralis cum linguis serpentum, cum una domina que tenet ipsum in una manu, cum pede smaltato ad dominos et dominas equestres et animalia, uncie LVIIII.

Unus balascius intaliatus ad imaginem unius domine cum gamba smaltata et quatuor smaltis levatis.

Unus zafirus intaliatus ad formam unius teste cum gamba facta ad niellum cum litteris.

Unus zafirus pulcerimus squadratus ligatus in auro cum gamba asoazata?

Una corniola ligata in argento in modum sigilli cum uno grifono sculpto.

Unus lapis S. Catharine ligat. in argento, in uno didalo (?).

VI lapides de jaspo, una turchesa parva, ligati in auro in uno didalo.

I lapis tarsiatus, ligatus in auro cum literis, in uno didalo.

I lapis in modum turchese, magnus, cum una testa unius domine cum cesarie, ligatus in auro, in uno didalo.

I corniola cum una testa facta ad tavoletam cum litteris circa testam, in auro, et litteris in gamba ad smaltum, in uno didalo.

Jocalia inclite et mag[ce] domine Elisabeth de Gonzaga (1381).

CLXV paternoster de ambro in una filcia, cum una croxeta ambri habente crucifixum sculptum et cum duobus maspilis perlarum.

XXVI paternoster de ambro cocto nigri in una filzia.

Unus agnus dei de cornu nigro cum imaginibus laborat., ornatus de argento albo et cum una cathenella de argento albo.

Jocalia mag[ci] domini Francisci de Gonzaga (1395).

Camayolus unus parvus cum dimidia figura pueri albi cum gamba auri smaltata ad niellum.

Camayolus unus cum uno puero albo nudo in campo rubeo cum gamba auri smaltata ad litteras.

Camayoletus unus rubeus, cum una testa alba intus, ligat. in auro cum gamba polita (?).

Topatius unus parvulus, intaliatus ad formam teste S. Johannis, ligatus in auro, cum aliquibus litteris circum gamba (*sic*) polita quadra.

Lapis unus tarsiatus ligatus in auro, cum litteris super gamba.

Paris. — Typ. PILLET et DUMOULIN, 5, rue des Grands-Augustins.

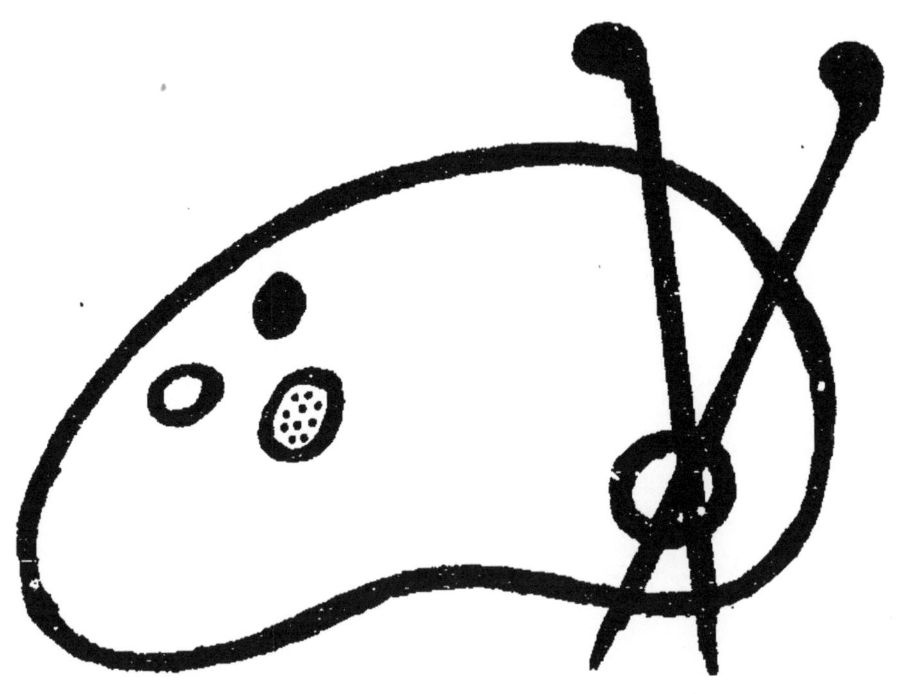

www.ingramcontent.com/pod-product-compliance
Ingram Content Group UK Ltd.
Pitfield, Milton Keynes, MK11 3LW, UK
UKHW012131240726
13965UKWH00005B/2111